Autres livres de la collection " Passions"
Passion des livres
Passion de la danse
Passion de la peinture

Un livre de Helen EXLEY
Adaptation française : Bernadette THOMAS
Mise en page : 24 heures de pointe

ISBN : 2-87388-050-3
D/7003/1995/19

13, rue de Genval B-1301 Bierges - Tél. 32 2+ 652.18.34

Exley Publications Ltd
16, Chalkhill, Watford, Herts , WD1 4BN, United Kingdom

Remerciements à © the Catto Gallery, Hampstead, Londres; Pierre-Jean Remy, "Musiques" © Compagnie Douze.

Passion de la
MUSIQUE
CITATIONS

PEINTURES DE FRANK ARCHER

EXLEY
PARIS, LONDRES

Depuis quatre-vingts ans, je commence chaque journée de la même façon. Ce n'est pas une routine automatique mais quelque chose d'essentiel pour ma vie de tous les jours : je m'assieds au piano et joue deux préludes et fugues de Bach. Je n'imagine pas faire autre chose ; c'est une sorte de bénédiction pour toute la maison, mais pour moi, c'est aussi autre chose, c'est une redécouverte de ce monde dont j'ai la joie de faire partie. Cela me remplit de la conscience que la vie est merveilleuse et du sentiment du bonheur inouï que j'ai d'être un être humain.

PABLO CASALS (1876-1973),

Joies et tristesses

Si je devais revivre ma vie, je me donnerais comme règle de lire de la poésie et d'écouter de la musique au moins une fois par semaine, car ainsi, peut-être qu'une partie de mon cerveau qui est maintenant atrophiée serait restée active. La perte de ces goûts, c'est du bonheur en moins et peut-être aussi est-ce néfaste pour l'intellect et sûrement pour le sens moral car la partie émotionnelle de notre nature en est diminuée.

CHARLES DARWIN (1809-1882)

Pour rester jeune, lis un poème chaque jour, écoute un morceau de musique bien choisi, regarde une belle peinture et, si possible, fais une bonne action. Le plus grand mérite de l'homme sera toujours, autant que possible, d'avoir prise sur les circonstances extérieures et de se laisser mener par elles aussi peu que possible.

JOHANN WOLFGANG VON GŒTHE (1749-1832)

La musique est l'expression de l'idéal artistique le plus élevé ; réflexion des Harmonies Célestes, elle place l'homme directement devant les Mystères les plus profonds de la vie.

CHARTE SPIRITUELLE DE L'HUMANITÉ (1946)

CONCERTO DE MOZART (détail)

Ecouter une nocturne de Monteverdi un soir d'été, c'est se trouver tout à coup très étonné d'être dans un autre siècle.
PAM BROWN, née en 1928

La musiquc est une révélation plus haute que toute sagesse et toute philosophie.
BEETHOVEN À BETTINA, 1810

Nous connaissons mieux une époque par sa musique que par ses historiens.
ROSE-ANNE AMBROISE

Pourquoi parler de voyage dans le temps ? Quand nous avons un moyen très simple de le faire ! La musique nous transporte à travers les siècles et les continents, sans même que nous devions quitter notre chaise. Aujourd'hui, je me suis trouvée dans l'immense quiétude de Solesnes, puis dans les salles de bal étincelantes de Vienne, je me suis promenée dans l'Opéra de Paris et j'ai été emportée dans l'exubérance d'une polka de l'époque victorienne.
PAM BROWN, née en 1928

Henley
'87 Festival

HENRYK SZERYNG ET SIMON RATTLE

C'est que le violon était monté à des notes hautes où il restait comme pour une attente, une attente qui se prolongeait sans qu'il cessât de les tenir, dans l'exaltation où il était d'apercevoir déjà l'objet de son attente qui s'approchait, et avec un effort désespéré pour tâcher de durer jusqu'à son arrivée, de l'accueillir avant d'expirer, de lui maintenir encore un moment de toutes ses dernières forces le chemin ouvert pour qu'il pût passer, comme on soutient une porte qui sans cela retomberait. Et avant que Swann eût le temps de comprendre, et de se dire : "C'est la petite phrase de la sonate de Vinteuil, n'écoutons pas !" tous ses souvenirs du temps où Odette était éprise de lui, et qu'il avait réussi jusqu'à ce jour à maintenir invisibles dans les profondeurs de son être, trompés par ce brusque rayon du temps d'amour qu'ils crurent revenu, s'étaient réveillés et, à tire-d'aile, étaient remontés lui chanter éperdument, sans pitié pour son infortune présente, les refrains oubliés du bonheur.

MARCEL PROUST (1871-1922)

Je sais que douze notes pour chaque octave et une variété infinie de rythmes me donnent des possibilités qu'aucun génie humain ne pourrait épuiser.

IGOR STRAVINSKI (1882-1971)

Qu'est-ce que la musique ? Cette question a occupé mon esprit pendant des heures la nuit dernière avant de m'endormir. Le fait que la musique existe est merveilleux, je dirais même miraculeux. Son domaine se situe entre la pensée et le phénomène. Comme une médiatrice nébuleuse, elle oscille entre l'esprit et la matière, étant des deux et pourtant différente de chacun. Elle est esprit et pourtant sujette à une mesure du temps. Elle est matière mais cependant ne peut s'inscrire dans l'espace.

HENRI HEINE (1797-1856)

Ecouter sa musique (Mozart), c'est comme ressentir qu'on a fait une bonne action. Il est difficile de dire précisément de quoi est faite cette bonne impression mais indubitablement c'est bénéfique. Plus j'avance en âge, mieux je le connais et plus j'aime la musique .

TCHAIKOVSKI (1840-1893)

dans une lettre à Nedejda von Meck

La musique est fondamentalement inutile, comme la vie.

GEORGES SANTAYANA (1863-1952)

SONATE N° 5 DE BACH

La musique est assez seule dans son genre et différente de tous les autres arts… Elle n'exprime pas telle joie précise, telle tristesse ou angoisse, horreur, ravissement ou tel sentiment de paix, mais la joie, la tristesse, l'angoisse, l'horreur, le ravissement et la paix en eux-mêmes, abstraitement, dans leur essence, sans détail et donc sans leurs raisons d'être habituelles. Et cependant, elle nous rend capables de les saisir et de les partager complètement, dans leur quintessence.

ARTHUR SCHOPENHAUER (1788-1860)

La musique est la sténographie de l'émotion. Les émotions qu'il est si difficile d'exprimer en mots sont directement converties… en musique ; c'est là que se trouvent toute sa puissance et toute sa portée.

LÉON TOLSTOI (1828-1910)

Je ne puis concevoir l'esprit de la musique résidant ailleurs qu'en l'amour.

RICHARD WAGNER (1812-1883)

JESSYE NORMAN

CLAUDIO ABBADO

Comme chef d'orchestre, ma définition du Paradis serait de répéter inlassablement les opéras de Mozart.

PETER HALL, né en 1930

Je marcherais dix lieues dans la boue, chose que je déteste le plus au monde, pour écouter une belle exécution de Don Giovanni. Si quelqu'un cite une phrase en italien de Don Giovanni, immédiatement sa douce musique me revient en mémoire et prend possession de moi.

STENDHAL (1783-1842), La vie d'Henri Brulard

Il est un air pour qui je donnerais
Tout Rossini, tout Mozart et tout Weber,
Un air très vieux, languissant et funèbre,
Qui pour moi seul a des charmes secrets.

Or chaque fois que je viens à l'entendre,
De deux cents ans mon âme rajeunit...

GÉRARD DE NERVAL (1808-1855)

Nous écoutons de la grande musique et nous savons que toutes nos joies et peines font partie de quelque chose qui est au-delà de notre compréhension et qui a infiniment de prix.

JESSIE O'NEILL

La musique souvent me prend comme une mer !
Vers ma pâle étoile,
Sous un plafond de brume ou dans un vaste éther,
Je mets la voile ;

Je sens vibrer en moi toutes les passions
D'un vaisseau qui souffre ;
Le bon vent, la tempête et les convulsions.

CHARLES BAUDELAIRE (1821-1867)

SONATE N°5 DE BACH

FANTAISIE DE BRITTEN, PAR LE QUATUOR ENDELLION

Je raconte l'histoire de l'amour, l'histoire de la douleur, l'histoire qui sauve et l'histoire qui détruit… Je suis la brume qui s'étend tristement sur les champs de bataille où meurent les hommes avec un peu de moi sur leurs lèvres.
Je suis tout à côté de l'autel du mariage et quand la tombe s'ouvre, je suis là aussi. Je rappelle chez lui le promeneur, j'ouvre les lèvres des amants et par moi le mort soupire à la vie. Je sers l'un comme je les sers tous. Je parle par les oiseaux dans le ciel, les insectes dans les champs, la cascade du torrent, le chant du vent dans les arbres et je suis même présente dans les bruits du trafic citadin.

ANONYME

Les grands génies souffrent et doivent souffrir mais ils n'ont pas à se plaindre; ils ont connu une ivresse ignorée du reste d'entre nous et s'ils pleurent des larmes de tristesse, ils ont aussi versé des larmes de joie ineffable. Cela en soi est un paradis pour lequel on ne paie jamais assez ce qu'il vaut.

CHARLES GOUNOD (1818-1893)

La musique est le langage du cœur.

JEAN-PHILIPPE RAMEAU (1683-1764)

SONATE n°2 en La majeur DE BRAHMS

Mozart nous fait croire en Dieu - bien plus que le fait d'aller à l'église - car il est impossible que ce soit par hasard qu'un tel phénomène arrive dans notre monde et puis disparaisse après 36 ans, laissant derrière lui un nombre incroyable de chefs-d'œuvre sans précédent.

GEORGES SOLTI, né en 1912

Une vieille légende juive raconte l'histoire de la louange :

Après avoir créé l'homme, Dieu demanda aux anges ce qu'ils pensaient de sa création. " Il manque quelque chose ", répondirent-ils, " le bruit de la louange du Créateur ". Alors, Dieu créa la musique, le chant des oiseaux, le chuchotement du vent, le murmure de l'océan et planta la mélodie au cœur de l'homme.

Une messe de Mozart peut rendre à demi croyant un incroyant.

JESSE O'NEILL

Attention, si ce n'est pas un miracle, ce n'est pas du Mozart.

ARTHUR RUBINSTEIN (1887- 1982)

Comment un homme dépourvu des vertus qui sont propres à l'homme pourrait-il cultiver la musique ?
CONFUCIUS (vers 551-479 av. JC)

Je crois en Dieu, en Mozart et en Beethoven
RICHARD WAGNER (1813-1883)

KYUNG WHA CHUNG

Quand j'écoute un morceau de musique… je ressens un plaisir délicieux qui n'a rien à voir avec la raison. L'habitude d'analyser ne vient qu'après, pour donner naissance à l'admiration. Et l'émotion qui grandit à la mesure de la puissance ou de la grandeur de l'inspiration du compositeur produit bientôt en moi une étrange agitation dans la circulation de mon sang; les larmes, qui généralement signifient la fin du paroxysme, n'en indiquent alors qu'une étape progressive menant à quelque chose d'encore plus intense. A de tels moments, j'ai des contractions spasmodiques des muscles, un tremblement de tous mes membres, une torpeur complète des pieds et des mains, une paralysie partielle des nerfs visuels et auditifs. Je n'entends plus, j'entends à peine - un vertige… une semi pâmoison.

HECTOR BERLIOZ (1803-1869)

Il n'y a qu'une chose au monde qui me fasse du bien, c'est la musique; mais c'est du bien que certains appellent agonie; j'aimerais pouvoir entendre dix fois par jour cet air qui me déchire en morceaux et me ramène, dans une extase, à tout ce que je regrette.

JULIE-JEANNE-ELÉONORE DE LESPINASSE, 1774

LES SOPRANOS

J'incline à penser qu'il vaut mieux rechercher des chansons populaires plutôt que de vouloir dénicher des héros dont on clame haut et fort les louanges.

LUDWIG VON BEETHOVEN (1770-1827)

J'ai grandi dans des lieux paisibles et j'ai été comblé depuis ma plus tendre enfance par la beauté merveilleuse des chants populaires russes. Je suis en conséquence passionnément dévoué à toute forme d'expression de l'âme russe ... Pour ce qui concerne la part nationale de mon travail, l'affinité de mes mélodies et de mes harmonies avec certains chants populaires, vient de mes jeunes années à la campagne.

TCHAIKOVSKI (1840-1893)

L'âme d'un pays est dans sa musique folklorique. Le pays qui a abandonné sa musique folklorique au commerce, mérite un réveil au Coca-Cola .

DR MAYA V. PATEL

La musique est la partie maîtresse de l'éducation, n'est-ce-pas Glaucon, parce que le rythme et l'harmonie sont particulièrement propres à pénétrer l'âme.

PLATON (428-348 av. J.-C.)

Il n'est point d'être si brut, si furieux, dont la musique ne change pour un moment la nature. L'homme qui n'a pas de musique en lui et qui n'est pas ému par le concert des sons harmonieux , est propre aux trahisons, aux stratagèmes et aux rapines.

WILLIAM SHAKESPEARE,
le marchand de Venise

J'ai toujours adoré la musique; quiconque est doué dans cet art, a une bonne nature et tout lui va. Nous devons enseigner la musique dans les écoles; un maître doit avoir un bon sens musical sinon je n'ai pas de considération pour lui ; de même, nous ne devrions ordonner comme prêcheurs que les jeunes qui sont bien formés en musique.

MARTIN LUTHER (1483-1546)

LE TRIO "ARCHIDUC" PAR LE BEAUX ARTS TRIO (DÉTAIL)

Quand je songe aux bienfaits de la musique, à la richesse qu'elle apporte, à la noblesse qu'elle confère, à l'accent qu'elle met sur toutes nos pensées, sur nos sentiments et nos émotions, je m'étonne que son enseignement ne soit pas absolument obligatoire et poussé fort loin, partout, sans défaillance.
GEORGES DUHAMEL (1884-1966)

Quand les mots manquent, commence la musique.
HENRI HEINE (1797-1856)

Quand j'écoute de la musique, je ne crains aucun danger. Je suis invulnérable. Je ne vois pas d'ennemi. Je suis relié aux temps les plus anciens et aux temps les plus futurs.
HENRY DAVID THOREAU (1817-1862)

La vertu est une musique et la vie du sage, une harmonie.
HENRI SIENKIEVICZ (1846-1916), *Quo Vadis*

SIR THOMAS BEECHAM.

Il n'y a pas besoin d'être musicien pour apprécier ma musique, au contraire... Je parle au cœur plus qu'à l'oreille. C'est ce qui explique mes succès. Car tout le monde a un cœur et tout le monde n'a pas d'oreille.

MARCEL ACHARD,

Jean de la Lune

SOLO DE BASSON

Dans les mélodies des noirs américains, j'ai découvert une grande et noble école de musique… Leurs thèmes, beaux et variés, viennent de la nature même du sol, ce sont les chants folkloriques des Etats-Unis. Tous les grands musiciens ont fait des emprunts à des chansons populaires… moi-même, j'ai trouvé dans les simples airs paysans de Bohême les sommets de mon travail le plus sérieux. Les Negros Spirituals sont pathétiques, tendres, passionnés, mélancoliques, solennels, religieux, audacieux, joyeux, gais et généreux.

ANTONIN DVORAK (1841-1904)

CONCERTO POUR DEUX PIANOS DE MOZART (DÉTAIL)

SYMPHONIE DE BEETHOVEN (DÉTAIL)

Si Mozart (ou pour la même raison Beethoven) avait vécu aujourd'hui, cela m'étonnerait beaucoup qu'il puisse nous donner cet extraordinaire déluge de grande musique comme il l'a fait. Un génie comme lui aurait très vite été séduit financièrement, soit par Hollywood pour écrire de la musique de films, soit par la télévision pour parader devant des millions de gens, soit encore par le théâtre pour écrire des comédies musicales insignifiantes. C'est ce qui est arrivé à pratiquement tous les talents musicaux prometteurs depuis Stravinsky, à l'exception peut-être de Britten. C'est pourquoi je ne crois pas que le monde ait encore des personnalités comme Bach, Mozart, Beethoven, Schubert, Brahms ou Sibelius, même s'ils restent de toute façon une denrée rare. Nous devrons donc nous satisfaire de ce que nous avons.

ROALD DAHL

Si le mot "coup de foudre" veut dire quelque chose, je l'ai compris cet après-midi-là. Pendant l'heure que dura l'audition de la *Symphonie*, j'avais fait le tour du monde, j'étais entré dans tous les foyers, j'avais connu tous les drames, j'avais vu les guerres et les volcans, les bassesses et les espoirs, j'avais joui dans tous les lits et je m'étais recueilli dans toutes les églises. Je me demandais comment j'allais en sortir sain et sauf.

MAURICE BÉJART, né en 1928

SIR HENRY WOOD

Lorsque tout se dérobe, que les hommes se font juges, ou qu'une femme aimée vous a tourné le dos ; lorsque le gris est fixe au ciel et puis que la fatigue de continuer, tout simplement, s'abat, la musique seule...
La musique seule... C'est un violon qui s'élève dans la nuit au cœur d'une cour de pierre, Bach, la première sonate et des enfants fascinés qui s'avancent vers la lumière ; ce sont deux violoncelles, un alto, deux violons que le hasard a réunis pour que, par hasard, naisse Schubert devant un feu de bois ; c'est un disque très ancien où des voix chéries disent en une langue perdue le trio d'amour de Strauss ; c'est Tristan et sa voile de navire gonflée par le mistral dans un théâtre antique : la musique seule, un Mozart rayonnant qui, un jour, apaisa toutes vos peines.
Lorsque tout se dérobe, que vos yeux mêmes ne savent plus voir, vos cœurs plus aimer - cette impuissance... -, la musique seule peut encore parvenir jusqu'à vous, pénétrer cette gangue d'angoisse ou seulement de lassitude que les ans ont durcie et entrouvrir quand même le ciel.

PIERRE-JEAN RÉMY

Bach a ouvert des perspectives à l'univers. Car, après l'avoir expérimenté, les gens sentent que la vie a quand même un sens.

HELMUT WALCHA

La musique doit humblement chercher à faire plaisir; il y a peut-être une grande beauté possible dans ces limites. L'extrême complication est le contraire de l'art. Il faut que la beauté soit sensible, qu'elle nous procure une jouissance immédiate, qu'elle s'impose ou s'insinue en nous sans que nous n'ayons aucun effort à faire pour la saisir. Voyez Léonard de Vinci, voyez Mozart. Voilà de grands artistes.

CLAUDE DEBUSSY (1862-1918)

Après avoir joué du Chopin, je me sens comme si j'avais plané sur des péchés que je n'ai jamais commis, comme si je m'étais lamenté sur des tragédies qui n'étaient pas miennes. La musique semble-t-il me produit toujours cet effet. Elle crée en nous un passé dont nous sommes ignorants et nous remplit d'une tristesse qui avait été cachée à nos larmes.

OSCAR WILDE (1854-1900)

Beata : - Et que faut-il que je dise ?
Fausta : - Chante, explique ce qu'au fond de mon cœur je comprends déjà.

PAUL CLAUDEL (1868-1955)

CONCERTO POUR VIOLON DE TCHAIKOVSKI - VICTORIA MULLOVA

… **A** la fin, une symphonie de Mozart qui m'a ravi ! Ma fatigue et la chaleur étaient extrêmes, mais j'eus une expérience qui ne m'était jamais arrivée auparavant, en ceci que le dernier morceau, m'a non seulement réjoui en tous points, mais apparemment fait disparaître cette fatigue tandis que j'écoutais. Cette perfection, cette plénitude, ces nuances délicates, tout cela doit faire le désespoir des musiciens qui ont un tant soit peu d'âme et de goût.

EUGENE DELACROIX (1798-1863),
Journal

Il y a quelque chose de vraiment merveilleux dans la musique. Les mots sont beaux, mais la musique est encore plus belle. Elle parle à notre réflexion comme le font les mots, elle parle à nos cœurs et à nos esprits, directement, au centre même, à la racine de nos âmes. La musique nous adoucit nous élève, nous remplit de sentiments nobles, nous fait fondre en larmes ; Dieu sait comment ; c'est un langage en soi, aussi parfait dans son genre qu'un discours, que des mots, aussi divin, aussi béni.

CHARLES KINGSLEY (1819-1875)

Avant de décrire les émotions que ce chef-d'œuvre incomparable a soulevées en moi, je me demande si une plume peut vraiment les traduire, fût-ce de façon à donner seulement une idée de ce qui s'est passé en moi durant ces heures sans pareilles, dont le charme a subjugué ma vie comme une apparition merveilleuse, comme une vision révélatrice.

CHARLES-FRANÇOIS GOUNOD (1818-1893),
Mémoires d'un artiste

La musique exprime ce qui ne peut pas être dit et sur quoi il est impossible de rester silencieux.

VICTOR HUGO (1802-1885)

LA SYMPHONIE PASTORALE DE BEETHOVEN

La musique peut remplir la plus haute des missions : elle peut être un lien entre les nations, les races et les Etats qui sont étrangers les uns aux autres de tant de façons; elle peut unir ce qui est désuni et apporter la paix là où il y a de l'hostilité.

DR MAX BENDINER

La musique seule peut parler de la mort.

ANDRÉ MALRAUX (1901-1976)

Le compositeur de musique nous révèle l'expérience intime du monde; il se fait l'interprète de la sagesse la plus profonde et dans une langue que sa raison ne comprend pas; comme le somnambule qui dévoile, sous l'influence d'un magnétiseur, des choses dont il n'a aucune notion quand il est éveillé.

ARTHUR SCHOPENHAUER (1788-1860)

La musique est le langage universel de l'humanité.

HENRY WADSWORTH LONGFELLOW (1807-1882)

Je retourne au quintet en sol mineur pour me réconforter parfois quand je suis très désespéré. Le genre de consolation qu'il m'apporte est comparable à ce que la poésie de Wordsworth me donne. Cela m'aide à me supporter moi-même dans la désolation de ma solitude.

HAROLD BLOOM

Mon fils et moi avons connu ensemble des jours de déprime. Nous écoutions alors de très anciens blues enregistrés il y a des lustres, sur des disques grinçants; nous éteignions toutes les lumières et chantions fort à la lune. J'ai toujours utilisé ce truc pour m'en sortir.

CAROLINE RAMUZ

Cette musique, si harmonieuse, si légère d'inspiration, si pure, à la fois si douce et triste, me fit oublier, alors que je l'écoutais, mes malheurs passés et ceux que le futur me réservait, peut-être.

ABBÉ MARTINANT DE PRÉNEUF, 1797

SIR MALCOM SARGENT

Il est un air à la fois vif et tendre
Dont j'ai gardé le touchant souvenir ;
J'aimais jadis, j'aime encore à l'entendre ;
Il m'annonçait qu'elle devait venir.
GUSTAVE NADAUD (1820-1893)

Pour obtenir le phrasé naturel essentiel chez Mozart, il faut tout le temps penser au chant… C'est cette fragilité-là, ce " risque " de sa voix qui rend le chanteur émouvant. La voix peut se rompre à tout moment, à tout moment, elle risque d'atteindre au sublime. Mozart, c'est la même chose. Pour le jouer, je crois qu'il faut sentir cela. "
CHRISTIAN IVALDI

Et cet amour, qui jamais ne s'exprima entre nous, finit par éclater au grand jour, lorsqu'il y a un an, je composai Tristan et le lui donnai. Pour la première fois, elle perdit contenance et me déclara qu'il ne lui restait plus qu'à mourir.
RICHARD WAGNER,
Lettre à sa sœur Claire, août 1858

JESSYE NORMAN

LE QUATUOR AMADEUS (DÉTAIL)

La musique possède des charmes pour apprivoisier un sauvage,
Pour attendrir les rochers, ou faire reverdir un chêne noueux.
WILLIAM CONGREVE (1671-1729)

Je me sentais au-delà de tout souci, de toute peine, de toute peur, et la moindre touche de vulgarité avait disparu du monde... C'est là que réside pour moi la puissance morale de la musique.
MARGARET FULLER (1871-1954)

Vous avez été l'unique source de mes joies, depuis mon plus jeune âge, ô mon ami, mon meilleur maître, vous qui, comme nul autre, avez su parler à mon cœur.
LOUIS II DE BAVIERE, *lettre à Wagner, 5 mai 1864*

Alors, je m 'accompagnerai de la harpe
pour te célébrer, mon Dieu, et ta fidélité ;
sur la cithare, je jouerai pour toi.
Mes lèvres chanteront de joie
car tu as racheté ma vie.
PSAUME 71

VICTORIA MULLOVA

Soudain
d'une fenêtre,
légers,
filés, enflant leur onde,
purs et profonds, grâce perlée,
essor qui se débat,
désir qui fuse, joie qui chante,
eau mouvante, flamme qui monte,
or qui palpite,
douceur, lumière, mœlleux d'argent :
les sons fondants
d'un violon.
ARNO HOLTZ (1863-1929)

CONCERT À LA MÉMOIRE DE JACQUELINE DU PRÉ (DÉTAIL)

De la musique avant toute chose.
PAUL VERLAINE (1844-1896)

La musique crève le ciel.
CHARLES BAUDELAIRE (1821-1867)

Il y a eu en France, de grands violonistes ou de grands pianistes, mais je pense que la personnalité française, c'est le violoncelle. Car il est la voix humaine. Il est plein d'amour envers la vie. C'est un instrument robuste. La plupart du temps, les violoncellistes sont des gourmands qui comprennent le sens de la vie. Beaucoup de passion, beaucoup de sonorité : cet instrument correspond parfaitement au caractère français. C'est pourquoi les violoncellistes français sont parmi les meilleurs.
ROSTROPOVITCH, né en 1927

Sans la musique, la vie serait une erreur;
NIETZSCHE (1844-1900)

LÉONARD BERNSTEIN ➢